AF201062

AUF DER
SUCHE
NACH
STERNENEXPLOSIONEN

„Als ich erwachte, brannte Licht. Es schmerzte, als ich zum Fenster sah. Tränen waren da und sie waren ohne Schmerzen. Ich ging einen langen Weg und suchte meine Antwort in der Zeit. Und dann war ich verloren. Alles was ich einst wusste, wurde zur Wüste meiner Eitelkeiten. Ich suchte den Ausweg aus der Gesellschaft und vermisste alle Menschlichkeit. Ich zitterte von all der Spannung. Nur die Sehnsucht gab das Leben in mein Herz, die Sehnsucht nach den Sternenexplosionen. Der Rest, das Zweifeln, alle Angst und jeder blanke Unsinn ward von fremder Hand in mich gegeben. Und das Licht war am Himmel, waren alle Sterne. Und ein jeder kann der deine sein.“

Jupiter

Sternenexplosion

Durch dunkle Gassen wandelnd auf der Suche
und suche nach des Traumes echt Besuche.
Ja ich; ich muss nun etwas Neues finden,
mein neues Leben an ein Feuer binden.

Gefühl des wütend Lebens will ich spüren
und mich zu seinem kleinen König küren,
und jeden Tag will ich was davon finden,
den Nektar neuer Süchte zwischen Linden.

Wo jetzt mein Leben wieder so pulsiert
mich lediglich die Untat noch frustriert,
denn Drang bewohnt den Körper, meine Lenden.

Die Sternenexplosion will ich betrachten,
auf all ihre Genüsse stetig achten,
und dass, solange, bis mein Fleisch wird enden.

Die Emotion der Sternenexplosion,
sie sitzt auf meiner Lüste gierig Thron.

Nachtgeistersonett

Ein Funke dort im Schatten eines Baumes,
er scheint des alten Waldes nächtlich Traumes.
Die Hoffnung auf des Glückes süßes Licht
sich stets im Schatten ihrer Wahrheit bricht.

Sie jagen mein naives Traumgebilde
und sind des letzten Schmerzes blühend Schilde.
Verrannt in ihren seuchend Schattenbildern,
sie können nur in meinen Träumen wildern.

Ich hasse so ihr Feuer in mir brennen
und kann mich selber nachts nicht mehr erkennen.
Der ewig Nachtgeist reißt mit liebend Klaue.

Nur heiße Tränen sie in sich geborgen,
sie nicht zu kriegen pflanzt die großen Sorgen,
mit Tränen von dir träumend Sterne schaue.

Der kleine Nachtgeist ist mein großer Feind,
mein Schmerz in deinem Bild nur endlos weint.

Ein Lied des Lebens

Ich will mit Hingabe es nur noch lieben,
es spüren, tief, mit allen seinen Trieben.
So, will mich fortan darin treiben lassen,
es vollen Mutes mit den Händen fassen.

Denn willst du nicht, so wird es dich versiegen
und musst im Feuer deines Zweifels sieden.
Im Höllentanz du löst dich langsam auf,
du drehst zum letzten Mal der Türen Knauf.

So weiß ich nur, ich bin in mir genug,
das Gegenteil ist letztlich böser Trug.
Und Tränen füllen mir mein leeres Herz.

Und will es schließlich mir dann doch entweichen,
ich werde huldvoll meine Hände reichen
und wenn es geht, es offenbart den Scherz.

Sonett von Einst

Der Schulterschluss mit der Vergangenheit
behält sich deine Leistung ewig vor,
denn Gestern kennt keine Geborgenheit,
es singt doch nur der endlos, alte Chor.

Der Schulterschluss mit deinen fernen Tagen,
wie du, er weiß nicht was noch alles kommt.
Denn Morgen wird dich in die Falle tragen
und jedes böse Unglück folgt dir prompt.

Der Schulterschluss mit deinem wahren Heute,
es einzig sagt, was du dir noch bedeute.
Ob vor dir oder hinter dir, egal,

nur Jetzt kennt deiner tiefsten Wünsche streben
und gestern oder morgen wird's nicht geben.
Nimm heute und beginn die süße Qual.

Mein wütend Herz

In Zorn vergeh'n um nicht den Schmerz
der Liebe länger noch zu fühlen
sonst kippt mein Herz bald höllenwärts
und nichts kann meinen Wahnsinn kühlen

Ein tiefes Fürchten sticht den Magen
und alles Fühlen will sich brechen
Ich will dich nicht mehr weiter tragen
in meinem Kopf mit tiefem stechen

Nur einmal wollt ich Glück mir fühlen
mich fallen lassen in den Schoß
Doch wieder steh ich zwischen Stühlen
und du verweigerst mir den Stoß

Jetzt wütet mir mein kaltes Herz
nur weil es dich nicht haben kann
Zuerst es war der Liebe Schmerz
zuletzt in Zorn die Träne rann

Ich denk, ich könnte beides nehmen

Ich denk ich könnte beides nehmen,
auch ohne Kernes wütend beben.
Nach links oder nach rechts zu gehen,
in Gruben, hoch auf Pfählen stehen.

Ich denk, ich könnte beides wollen,
dem Kelch und Speer Respekt verzollen.
In süß und sauer mit der Zunge
und ein und aus mit beider Lunge.

Ich denk, ich könnte beides Lieben,
in Freiheit mit des Menschen Trieben.
Ich dürfte es mit beiden tun,
mit harten Ästen, feuchten Truh'n.

Chihuahua Sonett

Wie Feuereis verschmelzen uns're Herzen,
mit Sternenstaub aus uns'res Traumes Himmel,
in heißen Tigeln uns'rer Universen.
Es blühet unserer Gedanken Schimmel.

Die weichen Augen, braun wie Haselnuss,
versinken in zwei eisig kleinen Meeren.
Doch schmilzt dort alles Eis durch deinen Kuss,
fortan ich will von deinen Lippen zehren.

Das ganze Feuer deiner Urgewalt,
dein Lachen tief in meinen Zügen fühlen,
dass mir dein Schrei bis in den Kern gehallt.

Doch ahnt ich nicht welch Trug ich für mich nahm,
dein Antlitz konnte mir im Herzen wühlen.
Bis schließlich jener kalte Tag mir kam.

Du zogst mir all dein Feuer aus dem Leben,
du konntest es dir selbst nicht ehrlich geben.

Krieg

Die Trommeln singen in der Nacht...
Gesang des Mutes dröhnt mit Macht!
Im Drang marschieren sie voran,
nicht wissend welches Bösen Zwang
ihr Leid in alle Ferne folgt,
des Kampfes erster Tag erfolgt.

Die Blutlust ward mit Schrei geschürt!

Und Tages Ende war getränkt,
den Boden Reich mit Blut beschenkt.
Ja Blut verschmierte Kampfeslust,
es färbte Zweifel, tiefen Frust.
Und aller Mut war nun entschwunden,
Soldatenschwert muss Trän bekunden.

„Herz und Seele kennen Krieg,
nur der Kern kennt Frieden.
Und du schürst meinen Krieg"

Hast du Angst?

Hast du Angst ein Mensch zu sein?
Hast du Angst du selbst zu sein?

Hast du Angst vor Sonnenschein?
Hast du Angst vor altem Leim?

Hast du Angst vor meinem Kuss?
Hast du Angst vor grau Verdruss?

Hast du Angst vor Sternenfeuer?
Hast du Angst vorm Ungeheuer?

Fühle was du fühlen willst!
Fühl, wie deine Träume stillst!

Was die Welt ist? Was das Leben ist? Es gibt so viele und doch keine Antworten, die uns wahrlich zufrieden stellen. Viel mehr wandeln wir suchend durch die Welt, uns stetig ändernd, und doch wächst das schwarze Loch in der Mitte unseres Lebens stetig weiter. Zu wissen was die Welt und das Leben ist, ist ein hehres Ziel, von Bedeutung ist es letztlich jedoch nicht. Zu wissen wer du selber bist, dies ist das Eine was wirklich notwendig ist. Wenn wir uns kennen, braucht es nichts weiter, um Frieden zu finden. Wenn wir uns kennen, können wir bis in den endlosen Himmel wachsen. Lerne dein inneres Selbst kennen, um die eine Erlösung zu erfahren, die uns von der Last der neuen Welt befreit.

Planetengesang

„Für einen der teuersten meiner Menschen"

Auftakt

Das Licht bricht sich in kleinster Träne
auch ich mich in dem Salze wähne

Die Träne meines Eises Augen
sie wollte mir die Lichter rauben

und deine Augen sehen mich
und meine Augen lieben dich

Doch Licht zerbricht im leisen Weinen
Was wollten deine Augen meinen?

So sehe ich kein einz'ges Licht
dein Schatten alle Wahrheit bricht

Ein Mond

In dir, es ruht ein ferner Sehnsuchtsschrei
der Menschen aus der tauben Kehle springt.
Sie wären gern von ihm so gänzlich frei,
dass jeder dir von seinen Sorgen singt.

Du hörst sie nicht, kannst sie nur alle sehen,
in deinem kalt sich tragend, fahlen Licht.
Du hörst es nicht, ihr einsam blankes Flehen,
wie jede Träne sich im Weiße bricht.

In deinem Schweigen liegt Unendlichkeit,
die uns an alle fernen Grenzen treibt.
Und du, du hörst uns Menschen einfach nicht...

Du bist der Traum für ferne Reisen, Welten,
für die die Tage uns kein Ticket stellten.
Und dann auch meine Träne leise bricht.

Du hörst uns kleine Menschen einfach nicht,
ein Glück du kennst uns aller Sorgen nicht.

Merkur der Lügenbote

So klein und flink in allen Lagen,
er kann sich meistens vieles wagen,

kann Feuer in die Herzen tragen,
bringt alles Hoffen zum verzagen.

Ist Bote eines toten Sterns,
ein Wächter des vergessen Kerns.

Wenn du es jetzt nicht glaubst, dann lern's,
ist Diener eines falschen Sterns.

Vom Licht der Wanderer er singt,
doch meist das Lied der Venus klingt.

Ist ihrem fahlen Licht ergeben,
nach ihr, es richtet sich sein Streben.

So ging er zu dem schönsten Mond,
der Jupiter zur Seite wohnt

und flüsterte vom fahlen Licht,
das mancher Liebe Bande bricht.

Der Mond fiel auf den Schatten rein
und Jupiter war dann allein.

Und Merkur lieferte das Licht,
des schönsten Mondes warmes Licht.

Betrug der Venus

Die Venus singt an deinem Himmel
und scheucht das ganze Sterngewimmel,

das tief in deinem Kopfe wohnt,
als Narr in deinem Geiste thront.

Sie ist dein Traum der Ewigkeit,
doch stiehlt sie dir nur deine Zeit.

So nah ihr Licht dein Auge lockt
und doch sie fern im Staube hockt.

Sie reißt das Herz aus deiner Brust,
geschwächt von deinem Lebensfrust.

Ihr Trugbild scheint dir blinde Pflicht,
doch gibt es auch noch and'res Licht.

Doch du willst eine Venus haben
und dich an fremden Wünschen laben.

Den Jupiter die Venus hat
um seinen schönsten Mond betrogen.
Die Venus ist doch gräulich matt!
Und immer hat sie dich belogen…

Der Zorn des Mars

Die Venus sollt nur ihm gehören,
den neuen Mond wollt er zerstören.

Nun sitzt er dort, hat angesehen
des Merkur trügerisches Flehen.

Und wie der Mond erlegen ist,
als Mars du plötzlich einsam bist.

Sein Zorn erhellt sein blankes Rot,
er wünscht dem Mond den kalten Tod.

Er hat die Venus auserwählt,
mit tiefem Sehnen sich gequält.

Bekam jedoch nur müde Züge,
der Venus lächeln war nur trübe.

Und auch Geschenke halfen nicht,
unendlich fern lag doch ihr Licht.

Der Mars ihr brachte hellste Sterne,
die seltensten aus aller Ferne;

und Sternenstaub aus fremder Welt,
der alles in den Schatten stellt.

Doch Venus wollte alles nicht,
der Mars in finstrem Zorn zerbricht.

Der Mond, er konnt nicht froher sein,
die Venus sonnte sich im Schein,

des Mondes schönstem, weißen Licht;
so lang bis sie ihr Hafer sticht!

Die Venus nährt die Eitelkeit,
sie frisst sich alle schöne Zeit.

Ja, bis sie allem überdrüssig
und du, du bleibst nur überflüssig.

Und so, sie stach dem Mars ins Herz,
sein Zorn schrie Rache, tief im Schmerz.

Der Mond, er ginge ähnlich fort,
doch Mars plant längst den bösen Mord.

Sein Kriegsschrei schickt er in die Nacht,
es schaudert alle Sternenpracht!

Die Venus hörte Unheil drohn,
ach wär der Mond doch nur geflohn...

Doch Venus riet ihm nicht, zu gehen,
verzaubert blieb der Mond nur stehen.

So taub für alle flehend Sterne,
die Venus spuckt die Traubenkerne,

sie schert sich nicht um alle Welt,
im Spiegel ruht der Venus Welt.

Dann kam der Mars auf Zorn geritten,
und ohne dass sie lang gestritten,

bezeugt der Venus seinen Willen
und sie verbleibt im eitel Stillen.

Der Mond wusst nicht, wie ihm geschieht,
dass plötzlich alle Zeit entflieht.

Er hoffte, Venus würde schlichten,
doch ihre Untat sollte richten!

Der Mond erstarb schon vor dem Hieb,
der Mars ihn brach mit rotem Krieg.

Das Licht des Mondes jäh erstarb,
der Merkur schon den Nächsten warb...

Und Mars, er blieb auch jetzt allein,
der Zorn konnt keine Hilfe sein.

Richterspruch des Uranus

Ein Frevel war es, Monde zu vernichten.
Der Zorn des Mars lud große Schuld auf ihn.
Der Uranus musst' streng den Mars nun richten,
die Konsequenz des wütend Handelns zieh'n.

Der Mars zunächst musst' sich verteidigen,
doch wollte er die Schuld nur von sich weisen,
fing an die Venus zu beleidigen.
Die Worte konnten in die Fabel reisen.

Natürlich war die Venus blank entsetzt!
Natürlich traf sie nicht die kleinste Schuld!
Und Mars und Venus ewig sich gefetzt...

Dann, Jupiter kam an des Redens Reihe
und sprach von seinem Mond mit sanft Geduld.
Zuletzt er sprach, dass er dem Mond verzeihe.

Zum Schluss es ward ein Richterspruch verlangt,
das Universum sich noch heute zankt.

Die Macht des Saturn

Saturn kann fügen, was gebrochen ward.
Die Bindung, die er schuf, unendlich hart.

In alter Zeit, er schmiedete im Glauben,
was fest verbunden, kann dir niemand rauben.

Dann ging ihm seine eig'ne Bindung fort,
war seines Schmiedens Glauben kalter Mord.

Sie soll in finstre Nacht entschwunden sein,
aus Sternenstaub geschaffen, war sie rein.

Saturn nur konnt den Staub so fest verfügen
und dann die Zeit ihn musste wohl betrügen.

Er ließ das feste Schmieden fortan ruhn,
er wollt für Bindung nichts mehr weiter tun.

Das eigentlich ein and'rer ihn betrog,
sein Zweifel damals in Betracht nicht zog.

So wanderte er einsam tief im Dunkeln,
man hörte seines Wesens nur noch munkeln.

Da kam der Jupiter in seine Bahn,
das erste Mal sah er Saturn vom nah'n.

Er wollte dessen Hilfe sich erflehen,
damit der tote Mond kann neu erstehen.

Zerborsten Teile konnt nur er neu schmieden,
vielleicht der Mond könnt dann ganz ehrlich Lieben.

Saturnes Miene lag jedoch im Schatten,
ja wie zernagt von tausend Riesenratten.

Er sprach, er könnte niemals mehr was fügen,
es würde nur die neue Bindung trügen.

Und Jupiter, er weinte wahrlich bitter,
tat Buße wie ein spanisch traurig Ritter.

Saturn, er fühlte leicht sein Herz erweichen,
er sagte Jupiter, er kann erreichen,

ach, was er sehnlichst hier sich so erwünscht,
wenn er ihm bringt, was er sich so sehr wünscht.

Saturn erzählte von so manch Gerüchten,
dass seine Bindung musste plötzlich flüchten.

Im finstren Nichts der Welten ewig treiben,
für immer ganz allein im Schatten bleiben.

Beim Neptun soll angeblich sie verweilen,
verändert hätte sich wohl dessen Kreisen.

Ein tiefes Meer in ihm gewachsen sei,
fatal wie langer tiefer Sehnsuchtsschrei.

Und Jupiter, er fürchtete sich sehr,
klang jene Weise böse legendär.

Doch wollt er mutig auf die Suche gehen,
den einen Mond im Ganzen wieder sehen.

Und so versprach er dem Saturn die Bindung,
für seiner alten Liebe neue Findung.

Das finstre Neptunmeer

Der Neptun ist ein lieber, alter Wandersmann,
doch innen drin, da wohnt ein mythisch, böser
Drang.

Er schlingt die Ahnungslosen tief in sich hinein,
doch heute, niemand mehr fällt blindlings auf ihn
rein.

Und er, er will dies Schlingen eigentlich nicht tun,
doch kann der Schlund in seinem Innern nimmer
ruhn.

So sagt man, vieles ist in diesem Meer
verschwunden,
seit vielen Jahren spürt der Neptun tiefe Wunden.

Er weiß auch nicht, wie dies so bös passieren
konnte,
vor langer Zeit er sich in seinem Frieden sonnte.

Und eines Tages spürte er ein tiefes Sehnen,
durchströmte wie ein heißes Gift die kleinsten
Venen.

Seit diesem Tag, das Meer ward innerlich geboren,
die tiefste Dunkelheit mit ewig off'nen Toren.

Ach alles was dem Neptun dann zu nahe kam,
verschwand in ihm und brachte ihm den größten
Gram.

So war im Universum er ganz bald allein,
ein lieber Wanderer konnt trauriger nicht sein.

Und dann stand Jupiter ganz plötzlich ihm im Weg,
„Ach halt!", der Neptun rief, „Nicht weiter dich
beweg!"

„Komm nicht zu nah an mich heran in deinem
Sinnen,
sonst wirst du deinem finst'ren Schicksal nicht
entrinnen."

Doch Jupiter blieb steh'n, wich nicht ein Stück
zurück,
„Ich fürchte dich! Doch brauch ich dich zu meinem
Glück!"

Der Jupiter erzählte Neptun seinen Weg,
die Tränen Jupiters, sie waren Neptun ein Beleg,

dass Jupiter die Wahrheit ganz und gar erzählte.
Der Neptun für sie beide nun die Hoffnung wählte.

„Komm näher, wenn du musst, hinein ins dunkle
Meer,
doch wirst du in mir wandeln, ohne mein' Gewähr,

mein dunkler Schlund, er hat sein völlig eig'nes
Leben.
Ich hoff du kannst mir meinen Frieden
wiedergeben."

Der Jupiter trat an den Neptun nun heran,
„Ich weiß nicht was dort ist, doch tu ich was ich kann.

Ich suche dort, was unsrem Leid zugrunde liegt."
Dann nah genug, der Mut des Jupiter gesiegt.

Der Schlund er zog den mutig Ritter in die Tiefe
und Neptun träumte, dass es endlich anders liefe.

Die Finsternis umhüllte Jupiter in Eile
und dann, es dauerte noch eine ganze Weile...

Ja Licht ward dort an einem ewig blau Gestirne
und Jupiter fand sich am Strand in neuem Zwirne.

Ein weites, blaues Meer lag vor dem weißen Strand
und Jupiter mit Händen, Beinen, kaum gekannt,

sich selbst und alles Helle was ihn dort umgab,
als kleines Ich auf einer Insel er nun lag.

Befürchtet finster, wie er dachte, diese Reise,
schien sie nicht, die Angst versank in jeder Weise.

Er wanderte nun lang den stillen, weißen Strand,
am Horizont jedoch erschien kein endend Rand.

Im Licht so lange ging er auf den neuen Beinen,
bis müde er zu Boden sank, begann das Weinen.

Sein Mond kam ungebremst in seinen matten Geist,
ist extra doch für seine Liebe her gereist.

Jedoch nichts dort im Sand, nicht eine kleine
Windung,
Saturn, hast du gelogen über deine Bindung!?

Der Zweifel, brennend stieg in seinem Herzen auf,
und langsam wankte uns'res Wand'rers mut'ger
Lauf.

Kann blanke Liebe er nicht einfach so bekommen?
Wohl erst, wenn all sein Blut in totem Stein
geronnen!

Und dunkel ward sein Sinnen an dem hellen Strand,
es schwächte sich zum Mond das einstmals starke
Band.

Der Mond, er weiß doch nicht was er im Herzen
will,
ja seine wahr Gefühle stellt er grausam still.

Nur Stich blieb noch in Jupiters so kleinem Herzen,
es löscht sich alles Licht romantisch heller Kerzen.

Doch dann, das stille Meer begehrte plötzlich auf
und aus der blauen Ewigkeit stieg etwas auf.

Ein leuchtend Kern stand überm kalt vibrierend
Wasser.

Ach welch Geschichte lebt hier von dem wild
Verfasser!?

Zum Strand kam letztlich jene leuchtend kleine
Kugel,
er wagte nicht, dass nur ein Griff das Licht besudel.

Ganz fasziniert beschaute er das warme Licht,
Gefühl kam auf, das wie ein Dorn ins Herze sticht.

Und plötzlich dann, die Kugel wandelt sich zum
Menschen,
es sprengten sich des Jupiter Gedanken Grenzen.

Ein Mann mit blondem Haar und warmen, braunen
Augen,
er konnt dem Jupiter gleich alle Ängste rauben.

Der Mann legt seine Hand ums Herz des Jupiter,
das heiße Stechen wurde etwas weniger.

Er ließ sich dann in seine starken Arme fallen,
er ließ sich bald aus allen seinen Zweifeln fallen.

Und in Geborgenheit sie lagen für Äonen,
als würde Jupiter bei seinem Monde wohnen.

Doch irgendwann, in braune Augen schauend,
sprach
der Jupiter die Worte aus, der Frieden brach:

„Bist du die Bindung die Saturn entschwunden
ward?
Als du ihm gingst, sein Herze wurde schrecklich
hart.

So sag mir bitte was damals geschehen ist,
warum so plötzlich du Saturn entschwunden bist.“

Der sanfte Mann erhob sich aus dem weißen Sande
und trat zum stillen Meer an Strandes weiten Rande.

„Ich bin tatsächlich jene Bindung des Saturn.
Ich weiß, mein Handeln fordert einen großen Sturm.

Vor all der Zeit, da kam ein Bote still zu mir,
war freundlich, doch in seinen Augen stand die Gier.

Ich wollte dennoch höflich seine Worte hören
und er begann mit Sorgen meine Welt zu stören.

Er sagte mir, Saturn würd neue Bindung schmieden,
ich würde bald allein an einer Seite liegen.

Und lose Bindung würde Chaos tobend schüren,
er riet mir, zeitig meine Sachen zu verschnüren.

Das Beste wär es für Saturn, so sagte er,
ja wenn ich bleibe, gibt es ihn ganz bald nicht mehr.

„Nun geh und rette ihn, du darfst nichts weiter
sagen,

vielleicht du kannst zu Neptun geh'n, er kann dich
tragen.

Die Bindung die er trägt ist alt und bald
verschwunden,
geh einfach rein durch eine seiner tiefen Wunden."

„Der Bote ging und ich entschwand in blanker
Angst,
läufst schnell, wenn du um deine Gegenliebe bangst.

Ich fand den Neptun dösend wandernd in der Bahn,
so zog ich ein auf jenen altehrwürdig Kahn.

Und hier an jenem Wasser fand ich mich dann
wieder
und all mein Sehnen geht in diesen Breiten nieder.

Ach nun, so scheint es, kann ich hier nie wieder fort,
sonst bin ich meiner einzig Liebe böser Mord."

Der Jupiter begann so langsam zu verstehen,
wird doch bald Zeit, so manchem auf den Grund zu
gehen.

„Du liebe Bindung, lass mich wahres dir versichern,
so nichts wird wegen dir im Chaos noch versickern.

Ein böser Trug trieb dich in diese finstre Weite,
ich denk, wir sollten in des Universums breite,

ich denke auch, der Schlund dass bist du einfach
selbst,
hier raus, wenn du dir nur im Gehen dann gefällst."

Und ganz voll Sehnen ging sie auf in heiße
Flammen,
ach heiße, salz'ge Tränen glühend nieder rannen.

Nun fest entschieden zogen diese beiden aus,
sie kamen ganz natürlich aus dem Neptun raus.

Ihn fanden weinend sie in seiner leisen Bahn
und nun sie konnten einfach sich dem Neptun nahn.

„Ach fort tatsächlich ist nun all die Finsternis,
mein Dank für dich, oh Jupiter, ist dir gewiss.

Zwei Bindungen sie schwingen schwarz im tiefen
Loch,
zum größten Glück, die meine lebt alleine noch.

So will ich nun das allergrößte Glück dir geben,
denn schließlich hat ich früher mal ein andres Leben.

Ich gebe dir Kometenstaub von einem Stein,
ich fands auf meinen Reisen, ist unendlich rein.

Er kann für einmal dir die pur Gewissheit zeigen,
vielleicht du kannst damit in weise Richtung
neigen."

Der Jupiter nahm dankend an, sie reisen fort,

die Bindung strebte in Saturnes tiefen Hort.

„Noch eines", so sprach Jupiter, „muss ich doch
fragen.
Wie konnten deine Arme so vertraut mich tragen?"

Die Bindung, sie nur über diesen Narren lachte.
„Nur ein Gefühl dich mir in meine Arme brachte.

Ganz einfach ist ja alle Bindung wärmend gleich.
So fühlst du stets in mir auch den vertraut Bereich.

Doch diese braunen Augen, dieses blonde Haar,
das ist nur das, was ich in deinem Herzen sah.

Du fühltest nur die Nähe zu dem einen Mond,
ich sah, wie tief er doch in deinem Herzen wohnt."

Pluto sieht und lacht und weint

Zum Schluss nun ist der Pluto an der Reihe,
er gibt der Weise vorerst letzte Weihe.

Er steht sich weit am Rand die Tage aus,
bekommt dabei sehr viele Dinge raus.

So sieht er vieles, doch erzählt es nicht,
nur immer lachen, weinen, Tränen bricht.

Ja auch, wer Merkur seine Weisung gab,
warum der Bindung in den Ohren lag,

mit jenen böse dreisten Fabelworten.
Bei Wanderern gibt's radikale Sorten.

So ist der Mars in seinem Innern kalt,
geschürt durch dunkles Feuer die Gewalt.

Und hörig Bote Merkur einfach ist,
doch dabei kennt er schon so manche List.

So plante Mars ein äußerst kühnes Spiel,
war wegen seiner Venus schon labil.

Und Merkur wollte ihm so gern gefallen,
er wurd mit größter Freud zum klein Vasallen.

Das Gleichgewicht der Bindungen zu stören,
es heimzuzahlen Universums Chören,

die stets und ständig nur von Frieden singen,
den Kämpfer Mars weg von der Venus bringen.

Nun, dieses alte Lied versiegen lassen,
die Venus sich in ihrem Wesen fassen,

weil er Gewalt dann walten lassen konnte,
den Fallus seines Wesens selig sonnte.

Doch kam es anders als die Hoffnung wollte,
gestörtes Gleichgewicht als Chaos rollte.

Und die Geschichte nahm den bösen Lauf,
die Wirrungen, sie türmten sich zuhauf.

Ach all das Chaos, das wir nun schon kennen,
so ungebremst es mag ins Weinen rennen.

So schürt der Schmerz sich aus dem blinden Sehnen,
weil wir uns nicht in unsrem Fühlen wähnen.

Das Gleichgewicht der Bindung ging verloren,
auch Jupiter, er wechselt zu den Toren.

Auch dass der Pluto gänzlich sehen musste,
so viel er über Jupiter doch wusste.

Ein Träumer eines jeden schönen Traumes
und auch der Schläger eines luftig Schaumes.

Er selbst sich doch in manchen Wahnsinn führte,
sein Fühlen aber doch die Wahrheit spürte.

So war sein Eifer außer Gleichgewicht,
zu sehr auf seine Sehnsucht doch erpicht.

So stach der Jupiter das Licht heraus,
aus seinen Augen nahm Vernunft er aus.

Der Mond, ja doch, er liebte Jupiter,
mit vielen Zweifeln aber trug sich er.

Der Mond, er sah sich selber einfach nicht
und all sein Fühlen sich in Ängste bricht.

Wenn Eifer also gegen Blindheit steht,
im Licht des Schmerzes alle Liebe geht.

Ja so war Grund gelegt von jener Weise,
und nun, der Pluto sah den Rest der Reise.

Der Jupiter, er brachte dann zurück
die Bindung zum Saturn, zu seinem Glück.

Die Bindung, sie trat ein ins alte Heim
und alles schien prompt friedlicher zu sein.

Saturn, er blühte glühend wieder auf,
das alte Schmiedefeuer flammte auf.

Ein heller Brand man hatte nie gesehen,
er ließ den Mond am Ende neu erstehen.

Ganz neu unter Saturnes mächtig Hammer,

er fügt den Mond mit einer ewig Klammer.

So hielt ein Jeder ein was er versprach,
das neue Gleichgewicht das Chaos brach.

Nur Jupiter und Mond noch zu vereinen,
das schien jetzt auch sehr einfach sollt man meinen.

Doch dann kam Venus wieder angeschlichen,
sie hat ganz eitel keine Schuld beglichen.

Der Mond, er ließ sich wieder von ihr locken
und Jupiter blieb nur der Atem stocken.

Tatsächlich blieb er wieder ganz allein,
war'n alle froh, nur er musst traurig sein.

Zum Glück, ein Letztes blieb ihm aber noch,
Kometenstaub in seinen Geiste kroch.

Gewissheit nur ein einz'ges Mal zu finden.
An seinen Mond oder sich selber binden?

Er dachte lang so über alles nach
und dann Entschluss die Bahn sich endlich brach.

Er nahm es selbst und fand den Schmerz voll
Frieden,
der kleine Mond aus Angst kann ihn nicht lieben,

weil Venus stellt das altbekannte Bild,
und er nur seine grauen Ängste stillt.

So muss der Jupiter mit blutend Herzen,
aufs neue warten, haltend alle Schmerzen.

Die Liebe, Eitelkeit und traurig Ende,
der Pluto sah voll Fühlen jede Wende.

So ist die alte Weise schließlich aus,
das Herz des Jupiter bringt Ende raus.

Herz des Jupiter

Der Schatten kalten Todes unter meinen Augen
er kann im Silberblick mir alle Hoffnung rauben

Planeten schreien während sie noch um mich
wandern
sie halten wach mein sehnend Herz, wie all die
andern

Nur Venus hör ich kaum noch in den Sternen
krächzen
mein Sinn will nicht nach ihrem blassen Lichte
lächzen

So bleib ich einsam wach die langen Sternennächte
und nichts da oben scheint, das Freude zu mir
brächte

Nur salz'ge Tränen füllen meinen dunklen Blick
da halt ich sein Gesicht schon fast für bösen Trick

„Ach Jupiter!", ich hörte ihn dann langsam schrein
Ja, konnte dort ein anderer Planet noch sein?

Die Wanderer der Dunkelheit sind stets allein
nur tote Stoffe können länger um sie sein

So suche ich den Mond der alle Lichter kennt
den Herz des Jupiter sein letztes Treibgut nennt

Im Sternenstaub es wandte sich mir plötzlich zu
ein heller Mond, sanft kreisend, in sich alle Ruh

Trabantenglück war mir nun plötzlich doch
beschieden?
Das Herz des Jupiter kann doch noch einer lieben?

Der Kern entflammte sich und Jupiter begann
zu Leben, wie es nur der wahre Wand'rer kann

Das Herz des Jupiter, es pocht in seinen Händen
ein Feuersturm entspringt dem Puls der beiden
Lenden

In Einigkeit sie kreisen um die neuen Lüste
Die Sternenexplosion als er ihn leise küsste?

Und Herz des Jupiter entsandte alles Licht
das nimmer sich in seines Wesens Schatten bricht

Die Ewigkeit schien sich dem Jupiter zu öffnen
und Jupiter auch ihr sich wollte willig öffnen

So ward ein Traum geboren voll der süßen Leiden
doch die Gewissheit schien das Glück der zwei zu
meiden

Ein Sprung im Herzen Jupiters war bald zu sehen
er konnte nur zum Lichte seines Mondes flehen

War alles nur ein Trugbild seiner Wanderung?
Im Licht des Mondes lag doch keine Änderung?

Und bald erkannte er, wie wirklich alles Stand
des eig'nen Truges Schmerzen doch so grausam
umbenannt

Die Wanderung der Venus lag im Mondenschein
das Herz des Jupiter, es wurde wieder klein

Der finst're Tod lag nun in seinen kreisend Wegen
doch Mondes Licht kann trotzdem neues Leben
geben

So blutet Jupiter fortan in seinem Herzen
und wandert weiter mit des Truges blinder
Schmerzen

Erde, Mutter des Geheimnisses

Wenn wir nicht wissen wo die Mitte ist
dann fehlt uns leider schnell die wahre Sicht
dann weißt du nicht mehr, wer du wirklich bist
wenn Zweifel plötzlich aus dem Boden bricht

Das ist es, was die Erde in sich weiß
warum die Wanderer so wild doch gingen
warum ihr Wüten, Sehnen ist so heiß
des Universums Chöre nicht mehr singen

Die Erde wahrt in sich den lichten Frieden
weil sie ganz offen ihre Bindung nimmt
so konnte sie das Gleichgewicht auch Lieben

als Mars es aus den andern listig zog
Sie ist die Hoffnung die für immer glimmt
Ja selbst, als Mars das Universum bog

So birgt sie Frieden ganz allein in sich
sie trägt den Puls des Lebens tief in sich

„Solange wir warten"

Zug um Zug

„Ein und aus im eisernen Wanderer. Nur meine Gedanken begleiten mich. Also du und die Welt und die Kerne und Sterne."

Das Traurige in deinen Augen

So einsam schaut das Eis in deinen Spiegeln,
so düster deine schönen, braunen Gläser.
Die Augen deinen Wunsch so lang versiegeln,
auch grün, so alt wie jene letzten Gräser.

So seh ich es auch tief in deinen Augen,
als wäre es ein Spiegel meiner Tage.
Es wird an deinen stärksten Wünschen saugen,
bis alles sich im grauen Feuer trage.

Ein Leuchten deiner Hoffnung soll es sein,
ein blanker Strahl von reinstem Sternenlicht,
doch stellt es deinem Spiegel manches Bein.

Das Traurige sich deine Ängste findet,
das Sternenlicht in deine Hoffnung sticht,
das Traurige dein Glück sich schließlich bindet.

So sieh das Sternenlicht mit off'nem Spiegel
und brich zuletzt der Ängste kaltes Siegel.

Das Zauberschloss

So spät war's schon als ich gen Heimat ging
und spürt' in meinem Körper jenen Tag.
Die Wolke purpur überm Wipfel hing
und ich mich wieder gleiche Dinge frag.

Der Reigen meiner stetig mahlend Zweifel,
er staubt mir zu mein hoffnungssehend Herz,
mit Blindheit die mich auf mein Knie fäll,
mich schließlich wickelt tief in tauben Nerz.

Die Vorstellung mit dir ist immer da,
gebrochen lässt sie immer mich zurück.
Du fühlst dich an als wären Sterne nah,
ach all mein Lieben ganz zu dir entrückt.

Ich habe Zeit aus mir herausgerissen
und viele Wunden, noch sind sie am bluten,
an dir hab ich auch noch mein Herz zerschlissen,
doch hab ich EINE unter allen Routen.

Jetzt bin ich Suchender nach meinen Fragen
und ewig müde, weil mein Geist mich windet.
Ich wünscht, du würdest es mir einfach sagen,
bevor mein Herz sich in den Schatten schindet.

So hab ich nur die Flucht in meine Träume,
um doch in deine Arme einzusinken.
Nur dort, da teilen wir uns alle Räume
und ich kann deinen süßen Nektar trinken.

Ein Schloss aus Schichten meiner fleisch'gen Lüste,
es ragt in diesen einen Sternenhimmel.
Mein Zauber wohnt dort, er hat nimmer Brüste,
verliere mich im Explosionsgewimmel.

Du bist für mich wie Sternenexplosion,
die nur im Schloss in meine Schatten dringt.
Ich weiß auch du, du fühlst es sicher schon,
wie jeder Stern nur unser Lied noch singt.

So wandel ich durch Mauern voller Wärme
und Säle die so einzig sind wie du.
Ich schlafe dort in deines Atmens Lärme
und jedes deiner Ohren hört mir zu.

Mein Zauberschloss ist einz'ger Pfad zu dir,
weil du den Traum noch immer nicht erkennst.
Ich hoffe, eines Tages stehst zu mir,
in Sternenexplosion dann mit mir rennst!

Handwerkerherz

Von deiner Hand kann eine Welt entstehen,
wenn Holz und Nagel Schaffenskraft begehen,

wenn deine Hämmer neue Formen schlagen
und diese Form wird durch dein Blut sich tragen,

wenn deine Kraft den ersten Pfeiler richtet
bis jeder stramm den alten Himmel sichtet,

wenn Räume sich in vormals Leere schaffen,
zu schließen wo solange Lücken klafften,

wenn Kupferadern Licht ins Dunkel gießen
nachdem sie sich im Staube niederließen,

wenn Holz, Metall und Stein sind Symphonie
und bilden für das Leben Symmetrie,

wenn tief in dir dein starker Kern pulsiert,
der Abendstern die Nacht nicht mehr gefriert,

dann steht die Welt auf Wurzeln deines Lebens
und weiter wächst der Kern des tiefen Strebens!

Der kleine Passus des Einzigen
(Nicht Gott!)
Der letzte Tee war getrunken, das letzte Stück
Kuchen,
es war verzehrt.
Und so trat er als erster seine Reise an.
Fortziehend in Myriaden von Sternen
ward er fortan für Äonen nicht wiedergesehen.
Alles nach ihm blieb
und balgte sich leidlich um die Krümel
auf seinem verwaisten Teller,
um kalte Tropfen seiner alten Tasse.

Bald erschöpft es sich!
Und er kommt nicht von sich aus zurück.
Er ruht am Ursprung.
Und er wartet,
endlich gefunden zu werden.

Der Rest muss ihn finden.
Doch warten sie nur.

Als er einst ging,
da ließ er seinen Schatten zurück;

Sie ist etwas anderes
Sie ist was die Suche verhindert
Sie ist das Ende der Äonen,
wenn auch der letzte Krümel
und der letzte Tropfen fort sind.

Und er kann vielleicht nie wiederkehren...

In diesem Moment.

In ihm ruht die Freiheit der tiefsten Essenz.
In ihm ruht jeder Kern.
Wartend, dass die Reise angetreten wird.
Durch Sterne und deine Äonen.

Um den Schatten zu tilgen,
Licht zu spüren,
und eine andere Tafel zu nähren.
Dort wird Gleiches wieder zu Gleichen
gegeben.

Das Einzige, das wahrlich gebraucht wird...

G.A.S.

Ich hatte dich so oft gesehen
als ich mich fragte wie du bist
wann würde es denn nur geschehen
ja dass in meiner Welt du bist

Nur Morpheus zeigte nächtlich mir
von Zeit zu Zeit wie du dich gibst
und jeder Morgen war nur Gier
weil du nur diese Schatten gibst

Es ist doch nur der fromme Wunsch
den Pfad auch mal ein Stück zu teilen
es ist doch nur der fromme Wunsch
mit dir nicht nur im Traum zu weilen

Ich dachte schon so oft, ich hätte
etwas wie dich am Tag gefunden
ich dachte schon die wohlig' Stätte
nun endlich aus dem Traum gewunden

Doch immer war es nur die Hoffnung
in dir dies leise Glück zu finden
und immer war es nur die Hoffnung
zu sehen einen nicht mehr Blinden

Und noch es wissen meine Träume
ach nur, wie jene Schatten fühlen
und ihre Wurzeln all der Bäume
mit Stetigkeit sich in mir wühlen

Und nur ein Bild von dir mir bleibt
wenn ich der Nacht den Körper reiche
und nur der Kopf das Glück beschreibt
das ich aus meinen Tagen streiche

Armut

Sie ist ein Feuer, das in deinen Adern pocht
Insigne, die dir deine Wiege unterjocht

Sie ist der Traum, den von dir selbst du ständig hast
Sie ist auf jeder Waage eine Zusatzlast

Sie ist der Ausdruck jener künstlichen Konstrukte
Sie schuf uns Gott, als plötzlich Angst dann zehrend
juckte

Sie ist dann auch der Abgesang der alten Welt
wenn unser Traum von Gier die letzte Rechnung
stellt

Sie ist der Hammerschlag, der uns verharren lässt
und kaum noch jemand Staub und Schlamm so ganz
verlässt

Doch haben wir sie selbst in jede Brust gestochen
doch Stich kann schwinden und sie wird dereinst
gebrochen

Salut der Äste

Ineinander verschlungen stehen zwei Äste
begierig zu feiern die lüsternen Feste

pulsierend und pochend berührend
den inneren Kern sich spürend

voll fleischgebetteter Sünden
als ob sie ihre Süchte verstünden

reibend das Feuer in glühender Ekstase
auf dem Weg zu quellender Phase

und dann ein Hauch der Zärtlichkeit
gelobend die schlichte Glückseligkeit

die Äste, sie treiben solche Blüten
der Liebenden Düfte der Mythen sie hüten

voreinander beugend hängen zwei Äste
in stiller Verzweiflung harrend des Mondes Reste

Der Ursprung

„Der Moment in dem man sich vergisst, ist jener, in dem man in sich spüren kann, welche Energie dort pulsiert."

Alle sind wir im Kern gleich, ein Teil des Universums. Und warum unsere existenzielle Beschaffenheit von eherner Gleichheit sei, hat einen simplen Grund, einen einfachen Kern, sozusagen. Es ist die Frage, wo unsere grundlegende Heimat verortet ist. Alle, wie wir hier sitzen, stehen, leiden und freudig jauchzen, liegen im Ursprung.

Die Annahme des Kerns und seines Ursprungs soll ein Anker sein. Wenn wir die Welt wahrlich zum besseren ändern wollen, müssen wir sie ihren verrosteten Halteklauen entreißen. Nur so ließe sie sich neu justieren. Doch es geht nicht ohne Halt. Wenn wir sie aus ihren Grundfesten reißen, bedarf es eines Haltepunktes. Dein Ursprung.

Wir müssen Gott, Völker, Nationen und Farben vergessen. Wir müssen unsere konstruierte Gesellschaft vergessen. In feinster Sauberkeit haben wir aus Feuer und Grausamkeit eine Kette geschmiedet, die uns einsperrt. Sie hat uns die Gleichheit genommen und uns zu Sklaven falscher Hoffnungen und Träume gemacht. Unser Kern enthält ein beinah grenzenloses Potenzial. Und es ist unsere Bestimmung und unsere Pflicht, dieses auch auszuschöpfen. Wir sind allein unseren Fähigkeiten der Kreativität, Forschung und der Menschlichkeit verpflichtet. Wir stehen am Scheideweg und unsere alte Ordnung verliert zunehmend ihre Haltefunktion. Jede kleinste Lösung scheint stets ein vielfach größeres Problem nach sich zu ziehen...

Tageslicht

wenn der Morgen durch alle Kronen bricht
Licht die Finsternis im Aug' durchsticht
dann steht er da, der neue Tag
verschüttet unter letzter Nacht er lag

und ein Zauber in seinem Lichte wandelt
von einem frühen Schleier er handelt
ein Leichentuch der süßen Wonne
schnell gelöst von erstarkender Sonne

so komm mit mir, ja folge!
will erquickende Strahlen dir geben
als der Silberstrahl in deinem Leben
so flüstert dir Helios: „komm folge!"

und du wirst bedächtig lauschen
und ab dem ersten Male verstehen
alle Tage kannst du nicht tauschen
aber sein Licht wir bei dir stehen

Sonett des ersten Jahres (für JB)

Ein Sonnenstrahl fällt auf dein erstes Jahr,
zurück zum Tag, als Leben dich gebar.
Als Potenzial das Leben füllend gab
das leere Blatt voll leichter Salb und Lab.

Ist erst ein Jahr von deiner Zeit gegangen
und wenig stimmen an die Ohren drangen.
So lausch erst ganz und gar der eigenen,
denn and're können nur beleidigen.

Die Jahre werden große Schritte sein
und wisse nur, der Fuß ist immer dein,
weil Leben erst noch öffnet all die Gaben.

Denn jeder neue Pfad kann vor dir liegen,
ich weiß nur eins, dein Herz wird immer siegen
und du wirst immer Menschen um dich haben.

Ein Jahr vorbei, noch viele werden kommen,
so freue dich des Menschenlebens Wonnen!

Eidertraum

Die Myriaden Menschen wagen lichtes Träumen
und nur der alten Schlange Wut kann endlos
schäumen

Die kalten Wünsche all der totgeglaubten Neider
versinken in der Lust der golden triefend Eider

Ich sah noch immer nicht das Licht des
Sternenfeuers
die heiße Liebe meines alten Ungeheuers

Ich sah noch nie den wahren Traum in meinen
Augen
den ewig süßen Saft der sinnlich alten Trauben

Ich wollte deine Haut und all dein sanftes Wesen
doch konnt ich nur nach meines Geistes Bildern
streben

Ich wollte dich, nur dich in meinen zarten Händen
in mich nur saugen Feuer deiner harten Lenden

Die Myriaden aller Menschen halten mich
die Lichter aller Welten grausam brechen sich

Himmelsleiter

Hinauf wir meistens auf ihr steigen
auf uns'rem Pfad zum tiefen Kern
das letzte Licht sie will uns zeigen
doch liegt es uns unendlich fern

Die erste Sprosse nur zu fühlen
bedarf des Wissens um das Selbst
musst erst das Eitle in dir kühlen
bevor du dir zum Opfer fällst

Ja hoch zum Himmel soll'n wir gehen
um Frieden in uns selbst zu finden
und nicht im Glockenwahne stehen
uns selbst an alte Märchen binden

Der Glaube an dies alte Lied
lässt Nebel in den Augen wüten
er schlachtet aus des Menschen Sieg
und wird uns vor der Wahrheit hüten

Der Gott ist uns're Menschlichkeit
die in uns aus uns Wirkung zeigt
die Hand von außen Albernheit
und Religion zum narren neigt

So finde raus wer du heut bist
und was du für dich selber brauchst
versag den Sieg der großen List
bevor in Ketten du verhauchst

Die Zukunft heut für möglich halten
wenn wir die Leiter finden wollen
das Leben nicht mehr nur verwalten
wenn Tage sich noch ändern sollen

(Pause)

Träume von Brügge

Ich wollte wissen ob du Märchen bist
ich wollte wissen ob du wirklich bist
ich wollte wissen ob nicht doch so trist
ich wollte wissen ob du Brügge bist

Ich fand den Nebel deines schönen Traumes
das Freie deines bretterlosen Zaunes
die süße Note eines jeden Raumes
ich fand die Wurzel meines schönen Traumes

Ein Höhenflug auf deinen Stufen steigt
und erst die letzte sich zum Lichte neigt
der Himmel fast zur Glorie sich geigt
die Ferne sich aus nächster Nähe zeigt

Der große Reichtum einer alten Welt
der sich in deinen langen Schatten stellt
der Blick der auf die kleinen Lichter fällt
und nur die Luft sich noch zu dir gesellt

Ein tiefer Sprung aus allen alten Tagen
ein tiefes Fallen fern von alten Lagen
ein tiefes Hallen, vorerst zu ertragen
ein tiefes Atmen dann aus allen Sagen

In Blut aus tiefen Glaubensfragen
versuch ich weiter zu verstehen
wohin die Märchen uns noch tragen
bis wir um Wahrheit endlich flehen

Das Zeitkleid

Es schallen Noten laut empor, in jenen Staub aus ferner Zeit. Sie singen von den alten Tagen, alten Weisen, alten Märchen. Vom Feuer eines alten Lichtes, das einst als schöner Traum begann. Doch nun, so scheint's, zerbricht es. Zerstäuben tut ein jeder Stein. Jedoch; die Feuersbrunst der blanken Noten bricht im Flammensturm. Der Zeitstaub schmilzt zu Zeitenglas. So leicht zu brechen, doch du kannst es sehen. In dünnen Schleiern vibriert es im Licht, als würde jedes Zittern seine Prismen brechen. Doch hält es stand und fließt wie Silberglas durch Myriaden unserer Leben. Und die Note endet schließlich, als wäre die Existenz versiegt. Das Kleid wäre wohl fort, gäbe es meine Erinnerungen nicht.

Herbstlicht

Im finstersten Dräuen des sterbende Jahres,
wenn fallende Blätter im bunten Tanz,
mit süßem Flüstern die Furche der Agonie
ins pochende Herz bohren
und in Endlichkeit verweilen
wir, im Sturm der wütenden Zeit.

Doch knackt es mir zu Füßen, als mein Schritt
sich zitternd auf den kalten Boden senkt
Denn all die Samen zwischen toten Blättern
preisen doch und jauchzen Leben

Und dort nun war mein Herz bereit

Mein Aug' geneigt zum Himmel,
in dennoch tiefes Blau und helles Licht.
Ich spür den Wind, der ja auch schneidet,
und ja, sein sterbendes Toben beginnt.

Doch ist da auch das Licht in goldenen Lettern, das
von lichten Kronen gebrochen zu Boden geworfen.

Weihnachtsanekdote

Der Weihnachtsmann ins Lande kam
auch Basti wurde plötzlich zahm

So ward der Frieden größer nun
und Santa hatte gar nicht viel zu tun

Genießt ein jeder stille Nacht
egal, wie man sie hat verbracht

Und wenn das Licht in Kerzen kehrt
das warme Herz sich in uns mehrt

Ist Weihnacht, wenn die Liebe siegt,
selbst Basti heut ein Küsschen kriegt

Schorf

Der Schorf und Licht sie haben Heilung zugerufen
so tausche deine Zeit jetzt gegen deine Stufen

erklimmend steigen stets in einem kleinen Wissen
dass nur dein eig'ner Schatten drückt dir dein Gewissen

und dieser Schatten schneidet tief hinein ins Licht
doch noch so tief, er trennt das Lichte von dir nicht

den Rufen folgend, kannst aus allen Schatten brechen
mit lautem Lachen dich an ihnen ewig rächen

dein Schorf ist Freund von dir in allen schmerzlich Lagen
denn er kann immer einen Frieden in sich tragen

Gestern?

Ich war gestern noch ein eitles Kind
nimmer ihm die Zeit durch Poren rinnt
durch die Maske seiner zarten Haut
keines Menschen Finger sie heut raut
Morgen schon könnt es doch anders sein
jenes Kind ward plötzlich nicht mehr rein
Maske wurde von der Zeit entrissen
Tag und Jahr die Reinheit doch zerschlissen

Schattenkleid

Wenn du mich fragst, woran die Welt so leidet
dann das sie sich in Schatten kleidet
dass ohne Sinn es treibt die Zeit
die Tage tragen Prunk und Kleid
dass all die Leben kreiswärts wenden
und Geister in den Röhren enden
dass Schatten und Kostüme tanzen
und sich in alle Herzen pflanzen
dass du nicht weißt warum du lebst
und gegen Agonie nur strebst

dass du nicht einfach zu dir stehst
bei Schatten um den Anker flehst

Hand der toten Lichter

Ich ging im Schatten meiner Ahnen
es schien, als wollten sie nur warnen
dem süßen Reiz der toten Lichter nicht zu frönen
sich nicht an falschen Traum der alten Zeit
gewöhnen
Mit ihrer Hand der Zeit den Pfad vor mir berühren
es scheint, der Druck den wir in schweren Zeiten
spüren
wenn unser Hautkleid kalt vibriert
und ihre Hand das Zeitkleid ziert
Doch soll'n wir nicht den Pfaden ihrer Tage frönen!
Sie wollen lediglich die toten Lichter stören.

Und wenn…

Und wenn das Lied der Nacht verstummt
und wenn das Lied der Welt verstummt
und wenn der Honig nicht mehr summt
und wenn das Herz nur langsam pumpt

und wenn auch Zorn die Masse schreit
und wenn die Angst die Wut befreit
und wenn ein Leben todwärts treibt
und wenn das Licht nur Schatten leiht

und wenn auch alle Zeit uns schlägt
und wenn auch keiner Liebe trägt
und wenn der Tag dich nur verrät
und wenn das Feuer schwarz dich brät

und wenn schon
und was soll dieser Lärm
es liegt doch deinem Herzen fern

Steig ein

Nur einer jener Sterne ist genug
nur einer jener Wege ist dein Zug
nur einer nimmt hinfort den alten Trug
und nur dein Kern noch fühlt den letzten Trug

So ist es weder viel noch wenig hier
So braucht es nicht der kalten Augen zier
So raubst du nicht mit Leid in deiner Gier
So stirbt ein jeder noch im Jetzt und Hier

Ich will doch lieber meinen Wert genießen
im toten Staub den uns die and'ren ließen
Ich will mein Herz nur in die Sterne schießen
wo jeder Wunsch darf seine Blüten sprießen

Steig ein ins heißes Licht, das dir verzeiht
steig ein ins Licht, das dieser Stern dir leiht.

Nerudas Herz

Und wieder schüttelt Pablo mir das Herz
und Worte fallen singend aus mir raus
Jetzt all mein Fühlen, es steigt himmelwärts
es zeichnet mit Insigne mich doch aus

von Brot und Kern und deinem lebend Korn
um Tränen mit dem Leben zu befruchten
das in uns schürt des Lebens blanker Zorn
um dir zu folgen in die deinen Fluchten

dort nieder steigen wir in alte Erde
dort gräbst du aus mit mir die toten Sterne
dort zeigst du mir, wo ich am Ende sterbe

Ich muss also nicht alles in uns finden
ich muss nicht alle Sterne an mich binden
ich muss das Feuer nicht im Himmel zünden

Zu küssen was die Erde zu uns treibt
zu fühlen was am Ende wirklich bleibt

Das Ziel

Das Ziel ist weder fern noch nah
ist einfach nur für alle da
In tiefen Träumen wir dort gehen
und können uns ganz selber sehen
Vorbei an allen Schatten schauen
was wir uns heute noch nicht trauen
Mit Kern und Kind den Frieden leben
dem Schatten nicht den Vorzug geben
er ist, was wir den Alltag nennen
er ist, was wir als Wahrheit kennen
Das Trugbild unsrer alten Welt
mit ihm die Menschheit gnadlos fällt

So gib nicht hin dein Potenzial
in seine Hände, kalt und fahl
Den Käfig, den wir selber bauten
weil wir uns Menschlichkeit nicht trauten
Die Hände in den Kern zu legen
der echten Welt Vertrauen geben
Der Käfig uns're Kehle schnürt
und unser aller Ängste schürt
Und damit uns're Hände bindet
der Frieden sich im Tode windet

Das Ziel ist unser echtes Leben
wir müssen durch die Schatten streben

Weg ohne Zeit

Nur der Moment ist ohne Zeit
als warme Decke um den Leib
ist er ein namenloses Kleid
du bist nur jetzt noch eingeweiht

Dann geht dein Zugang letztlich fort
zu deinem Leben voller Zeit
mit jeder Frage die gebohrt
mit all den Tagen voller Neid

Nur der Moment ist ohne Zeit
in ihm du fühlst Unendlichkeit
und wenn du bist für dich bereit
dann fort geht aller Welten Leid

Nur loslassen fällt doch so schwer
Moment voll Zeit er wird noch mehr

„Wie begehrenswert die Welt erscheint,
wenn alles sich in Frieden eint"

Die Angst die in Gesellschaft lebt, fesselt uns und lässt uns ersticken. Die letzte Stufe menschlichen Lebens liegt fern aller Kategorien, nah bei uns und ehrlichem Mitgefühl und Vertrauen.

Das Kernmanifest

Der letzte Traum ist es, der uns nicht aufwachen lässt. Man nimmt an, wir entwickeln das Miteinander, unsere Gesellschaft, und das verbessert und entwickelt den einzelnen Menschen. Doch kann eine künstlich geschaffene Struktur unser Innerstes entwickeln? Es scheint eher, dass alle Menschlichkeit sich selbst dekonstruiert, je mehr sie vor sich selber flieht. Mehr und mehr Menschen werden krank. Sie verlieren ihren ursprünglichen Halt. Sie haben keine Idee mehr von dem, was sie einstmals darstellen sollten. Wir rütteln in starren Bahnen allgemeiner Erwünschtheit hin und her und unser Inneres strebt auf seinen Pfad. Doch wir wollen, oder können, oder sollen nicht. Das ungenutzte Potenzial ist Rastlosigkeit. Wir akzeptieren nicht, wie wir denken und fühlen. Das ist es, was die drohenden Schatten schürt und uns unserer wahren Menschlichkeit enthebt. Auf sein Inneres hören, seinem Fühlen folgen. So beschreiten wir den Pfad zur Seele und hoffen auf Frieden. Im Trotz nur einmal die Augen zu schließen, um allem Leid zu entsagen, dass unsere Menschlichkeit uns aufgebürdet hat. Seelenheil ist die große Lüge, die uns alle Freude nimmt. Zur Seele zu gehen, ist wie in einem flüchtigen Schatten zu waten. Sie ist nichts weiter als ein Schatten der Unendlichkeit, der das Licht in unserem Inneren verzerrt und entstellt. Natürlich leitet sie unsere Gefühle, doch leitet sie uns auch fehl, in ihrer eitlen Agonie der unbetrügbaren Zeit. Sie ist der Dämon, der unsere Mitte sprengt. Sie blendet alles, was wir einst hofften zu sehen, im Schmutze ihrer unfassbaren Niederträchtigkeit. Seele reißt, Seele verbrennt, Seele wird entstellt. Die Seele ist das Herbstblatt im Sturm unserer Vermessenheit. Und wenn alle Eitelkeit auch den letzten Fetzen dieser Schande aus uns herausgerissen hat, was bleibt dir? Dein Leid zu klagen? Deine Unmenschlichkeit zu rechtfertigen? Nur ein Schatten deiner klagenden Schreie in den gefrierenden Adern der Zeit! Ich denke du solltest nicht stehen bleiben. Wenn du das Tuch von Fragen, Zweifeln und deinen kreischenden Ängsten durchschneiden kannst, dann sieh was bleibt! Wenn der Schleier dieser kalten, toten Dämmerung sich lichtet, so bleibst nur du selbst. Und die Asche deines ganzen alten Lebens umspielt deinen unbenutzten Verstand. Und Feuer schreit! Und Leben schreit! Eine Unendlichkeit offenbart den Samen ihrer Existenz und nährt dein leeres Schweigen. Und Feuer schreit aus dir! Und dann siehst du Kerngewebe. Die Hülle dessen, was dein ganzes Universum in sich birgt. Du hörtest einen Todesschrei, doch war es sein gänzliches Gegenteil. Bitter ist der Geschmack der Früchte eines menschlichen Lebens. Doch ist alle Bitterkeit ein Trost, wenn wir unseren Kern in die Hände der blanken Sterne legen und alle süßen Säfte des Nebels unserer sterbenden Welt hinter uns lassen. Nur Feuer und Asche und Fleisch werden wahrlich geboren. Dein Gefühl für Leben und Unendlichkeit und das zarte Flüstern der Harmonie in den Klängen der Sterne und des Samens, sie waren doch immer da, verborgen im Gewebe, fern der Zeit. Und einzig ein Gefühl wie dieses, ein Gewebe wie dieses, liegt noch über dem was nimmer geht, nimmer wankt und nimmer in den Schatten stürzt. Es kann Schmutz darauf liegen, Asche darauf verstummen. Und alles was dein bescheidenes Herz einst hoffte, in einer Sturzflut von selbstgerechtem Schlamm und dem letzten Schrei der ausgeweideten Hure der Modernen für Myriaden von Leben niedergehen. Aber was du in deinem Herzen, deinem Kern für immer weißt, für immer spürst, kann keine Flut von totem Staub und kein Pesthauch modernen Lebens dir jemals entreißen! Denn aller Schmutz auf dem Gewebe ist nur die Spucke eines gierigen, verbitterten Possenspielers, der seine eigene Welt nie verstanden hat. Und so liegt auf dem Angesicht der Unendlichkeit und deines Universums die ewige Maske der Angst vor dem eigenen Ich. Doch kann Gewebe gereinigt werden. Und die Maske entschwindet im Sternenstaub aus Zeit und der Liebe, die du niemals weggegeben hast, die du niemals weggeben kannst.

Was dann noch bleibt? Was bleibt, wenn du alles von dir abgestoßen hast, was du einst Leben nanntest?

Ein Kern bleibt! Alles Leben verläuft im Zyklus und in dessen Mitte ruht ein Kern. Er ist das, was wir spüren können, wenn unser Glück sich uns im ganzen Maße offenbart. Er ist das, was wir finden können, wenn alles Leben unseren Gliedern entsteigt, wenn wir all das zu verlieren glauben, was wir jemals liebten, wenn wir nicht mehr wissen, welche Feuerlanze sich auf unserer Zunge bricht.

Wenn es einen Gott gäbe, würde er niemals den Tod von Menschen so leichtfertig hinnehmen, er würde den endlos blutenden Kampf in seinem Namen nicht hinnehmen. Er würde verdammt nochmal kein Kind elendig verrecken lassen vor Hunger, während der Rest der Welt an Übersättigung durch das eigene, bedeutungslose Leben verendet. In unserem Inneren ruht ein Kern. Das, was wir spüren, ist sein Schrei, sein Licht. Und wenn wir Menschsein verwerfen und den Seelenschleier durchstoßen und dem Gewebe seine Reinheit wiedergeben, dann nehmen wir unser entflammtes Herz und legen es in des Kernes Licht von Unendlichkeit. Denn dort ruht dein Leben, dort ruht dein Potenzial. Und dieses Potenzial ist der Wegweiser der deine Welt mit den Insignien unseres wahren Triumphes zeichnen kann. Erst wenn wir Menschsein aufgeben, finden wir unsere Menschlichkeit. Wir schreien nach dem Leben, das wir einst säten, doch wuchs es nie im Schatten der Dürre unserer verendeten Menschlichkeit. Wir können doch jetzt schon sehen, wo die kalte Finsternis vor der Dämmerung, ihre toten Zähne in das Fleisch unsres aufgehenden Kernstrahls schlägt. Und wir fressen, was man uns vorwirft, wir fressen die Lüge des Lebens, die unsere unendlichen Potenziale im schwarzen Feuer toter Geister und verfaulter Dämonen des besänftigten Wortes verbrennt. Doch der Kern kann nicht vernichtet werden. Und wenn nur ein einzelner Mensch seinen Kern erhebt, sein Licht in das Feuer der Sterne speist, seine frommen Wunsch in den fruchtigen Schoß des Friedens bettet, den Samen eines aufrichtigen Gedankens in das faule Herz unserer verendenden Welt pflanzt, dann wird das älteste Feuer des Universums aus den Untiefen der wandelnden Zeit steigen und allen Schmutz von allen Geweben entfernen. Und wir werden uns in unsere Gesichter schauen und zum ersten Mal, seit alle Menschen begannen sich vor sich selbst zu verstecken, werden sie nur noch sehen, was bleibt, wenn Fleisch zu Asche verbrennt und Zeit nur noch Staub hinterlässt. Es ist nur ein bedeutungsloser Traum. Und das Schattengebilde der alten Welt zerbricht und alle Träume erwachen aus dem Dämmerschlaf der sterbenden Zeit und nur die Frage bleibt, wonach wir suchten in der Lustlosigkeit von mehreren tausend Jahren. Und nicht mal jetzt, wo wir in unserem ganzen Wissen förmlich ersticken, wagt auch nur einer wirklich Luft zu holen. Nur einmal den Traum verlassen, das Mark der Menschlichkeit über die Götzen der Moderne stellen, die Hure des Lebens, in der die ganze Welt erstickt nicht ausbezahlen. Wenn du jetzt dein Licht im Feuer der gebärenden Sonne entzündest, dann wirst du all die Welten entzünden, die der Staub der Blinden erstickt hat. Denn dein Kern ist Unendlichkeit, dein Kern ist die Essenz der Existenz!

„Dank sei allen, die meinem Weg beiwohnen, die ihm beiwohnten, die ihm noch beiwohnen werden. Den Nahen und den Fernen. Und manchen der größte Dank. Jenen, die meine Gefühle anfachen, die meinen Kern hervorbringen. Ich schreibe auf der Suche nach etwas verbindendem. Und ich will es tun solange es möglich ist."

September 2018
Jupiter

*„ Ich träumte,
dann wurde ich wach,
was liegt dazwischen? "*

Herstellung und Verlag:
BoD – Books on Demand, Norderstedt
ISBN: 978-3-7494-7013-6